Colección LE

MW00680861

Lecturas de Español son historias interesantes, breves y llenas de información sobre la lengua y la cultura de España. Con ellas puedes divertirte y al mismo tiempo aumentar tus conocimientos. Existen seis niveles de lecturas (elemental I y II, intermedio I y II y superior I y II), así que te resultará fácil seleccionar una historia adecuada para ti.

En *Lecturas de Español* encontrarás:
  – temas e historias variadas y originales,
  – notas de cultura y vocabulario,
  – ejercicios interesantes sobre la gramática y las notas de cada lectura,
  – la posibilidad de compartir tu lectura con otros estudiantes.

NIVEL ELEMENTAL - II

Regreso a las raíces

Coordinadores de la colección:
Abel A. Murcia Soriano (Instituto Cervantes. Varsovia)
José Luis Ocasar Ariza (Universidad Complutense de Madrid)

Autor del texto:
Luz Janeth Ospina

Explotación didáctica:
Abel A. Murcia Soriano
José Luis Ocasar Ariza
Luz Janeth Ospina

Maquetación:
Raúl de Frutos Pariente

Ilustraciones:
Saúl Escamilla

Diseño de la cubierta:
Carlos Casado Osuna

Diseño de la colección:
Antonio Arias Manjarín

ISBN-13: 978-84-95986-93-1
ISBN-10: 84-95986-93-0
Depósito Legal: M-20761-2007

Reedición: 2007

Editorial Edinumen
José Celestino Mutis, 4
28028 - Madrid (España)
Tlfs.: 91 308 51 42
Fax: 91 319 93 09
E-mail: edinumen@edinumen.es

Imprime: Gráficas Glodami. Coslada (Madrid)

Regreso
a las raíces

ANTES DE EMPEZAR A LEER

ASOCIACIÓN LIBRE

1. Al leer el título de la historia *Regreso a las raíces*, y viendo la fotografía de la cubierta, imagina de qué se va a tratar y escribe algunas de tus ideas. Compáralas con las de tus compañeros y poned en común el porqué de vuestras hipótesis.

_____

_____

_____

_____

2. La palabra "raíces" hace referencia, como sabes, no solo a esa parte de las plantas, normalmente debajo de la tierra, que les permite alimentarse, sino también a los orígenes de una persona, de una familia, al lugar del que procede, etc. Comenta con tus compañeros de dónde eres, de dónde son tus padres, tus abuelos, qué piensas del hecho de verse obligado a cambiar de lugar de residencia, cómo responde el mundo actual ante este tipo de situaciones.

3. Escribe cinco palabras que asocias con la palabra "vacaciones".

_____

_____

_____

_____

_____

RELACIONES

4. Relaciona los siguientes miembros de la familia a través de una línea.

a. Madre y padre •   • **1.** Nieta y nieto

b. Tía y tío •   • **2.** Nuera y yerno

c. Suegra y suegro •   • **3.** Primos

d. Abuela y abuelo •   • **4.** Hija e hijo

e. Parientes •   • **5.** Sobrina y sobrino

5. En la siguiente lista de países latinoamericanos, señala los que pertenecen a América del Sur.

☐ a. Chile

☐ b. México

☐ c. El Salvador

☐ d. Ecuador

☐ e. Bolivia

☐ f. Colombia

☐ g. Guatemala

☐ h. Perú

☐ i. Argentina

☐ j. Belice

☐ k. Cuba

☐ l. Nicaragua

6. La historia que vas a leer sucede especialmente en Colombia. Observa el mapa de Colombia y encuentra el nombre de seis ciudades colombianas en la sopa de letras. Luego, encuentra un mensaje con las letras que sobran después de encontrar las ciudades.

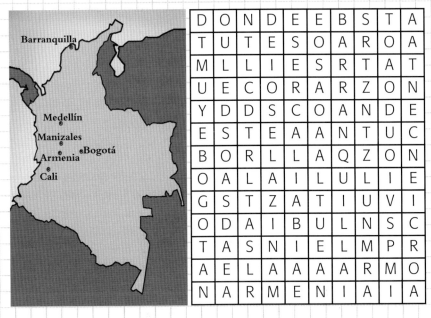

D	O	N	D	E	E	B	S	T	A
T	U	T	E	S	O	A	R	O	A
M	L	L	I	E	S	R	T	A	T
U	E	C	O	R	A	R	Z	O	N
Y	D	D	S	C	O	A	N	D	E
E	S	T	E	A	A	N	T	U	C
B	O	R	L	L	A	Q	Z	O	N
O	A	L	A	I	L	U	L	I	E
G	S	T	Z	A	T	I	U	V	I
O	D	A	I	B	U	L	N	S	C
T	A	S	N	I	E	L	M	P	R
A	E	L	A	A	A	A	R	M	O
N	A	R	M	E	N	I	A	I	A

Mapa de Colombia: Barranquilla, Medellín, Manizales, Armenia, Bogotá, Cali.

Escribe el mensaje con una puntuación adecuada. Comparte con un amigo o compañero de clase tu opinión sobre el mensaje. Di si estás o no de acuerdo. Explica brevemente la razón.

Mensaje _____

_____

_____

Razón _____

_____

_____

7. A menudo, los países se nos asocian con diferentes tópicos y/o realidades. Escribe a continuación cuáles son tus asociaciones con Colombia y comprueba, después de leer la historia, si tienen reflejo en ella y en qué medida cambia tu conocimiento sobre la realidad colombiana. Puedes también poner en común el tema con tus compañeros.

EL MUNDO DE SARA

I

Sara ama la vida intensamente. Le gusta la gente, es amigable y alegre, pero también disfruta de los momentos a solas y es entonces cuando se dedica a leer, a atender a sus estudios, o a escribir en su diario. La lectura y la escritura son dos de sus pasiones, pues considera importante aprender de otros y también plasmar sus propios pensamientos e ideas en el papel. Por supuesto que también le gustan las fiestas y bailar música latina.

Sara tiene don de gentes, sus amigos la aprecian y les gusta su amistad. Javier, uno de ellos, le dice:

chévere: (*adjetivo*) primoroso, gracioso, bonito, agradable.

– Sara, eres una amiga muy **chévere**, me gusta mucho estar contigo.

Sara le responde con un tono un tanto indiferente.

piropo: (*sustantivo*) es una de esas palabras del español que no tienen una traducción precisa ni en inglés ni en francés. Se puede utilizar como sinónimo de cumplido o lisonja, casi siempre de un chico para una chica.

– Gracias por el **piropo**, Javi –y continúa lo que está haciendo, sin pretender seguir con el tema de la conversación. Sabe muy bien que su amigo está interesado en ella. Le parece muy guapo pero piensa: *¡Quizás soy un poco cruel con él, pero es muy aburrido, no podemos hablar de ningún tema interesante!*

Javier interrumpe sus pensamientos y le pregunta:

caballerosos: (*adjetivo*) propio de un caballero, por su gentileza, desprendimiento, cortesía u otras cualidades.

detallista: (*adjetivo*) amante del detalle, de los gestos bonitos y agradables.

pretencioso: (*adjetivo*) que pretende ser más de lo que es, orgulloso.

– ¿Vas a pensar en mí en tus vacaciones?

– No te lo prometo –le responde con un tono de sinceridad un poco duro. La verdad es que a Sara le gustan los chicos guapos pero sobre todo inteligentes, **caballerosos** y **detallistas**. Piensa que Javier es demasiado simple y a veces **pretencioso**. La conversación se vuelve tensa cuando Javier comenta:

– Recuerda que allá hay mucho peligro, debes andar con cuidado, te pueden secuestrar; además, yo sé que la policía es corrupta y arbitraria.

Sara le argumenta enérgicamente:

– Javier, tú no puedes generalizar por lo que escuchas a través de los medios de comunicación. La prensa muchas veces vive del sensacionalismo, que es lo que nutre el morbo de la gente sin criterio propio. Todos los seres humanos tenemos cualidades y defectos y también en cada país hay cosas buenas y malas.

Para Sara es valiosa la opinión de sus amigos pero le gusta que le den razones válidas porque precisamente ella argumenta con mucha claridad sobre los hechos con los que no está de acuerdo; además, hace cosas que para otros chicos pueden parecer ridículas en estos tiempos: aunque es autónoma e independiente, tiene una buena comunicación con su mamá. Son grandes amigas y comparten todo.

Sara vive en Montreal y le encanta a pesar del frío intenso que hace durante el invierno. Por otro lado, adora su ciudad natal. Se siente orgullosa de sus raíces y sueña con darle algo bueno a su tierra en un futuro.

Por eso se está preparando con entusiasmo para sus próximas vacaciones de verano. Va a viajar en compañía de su madre. Siente mucha alegría porque van a visitar lugares que ya casi no recuerda, pues aunque tiene una memoria maravillosa, su infancia ha quedado atrás y ahora regresa convertida en una persona con nuevas inquietudes y con una forma muy especial de ver la vida. Su madre, mientras prepara las maletas, piensa: *Emigrar a otro país les da a los jóvenes nuevas experiencias. Todos van a notar un cambio enorme en Sara; ya no es la niña de hace unos años. Sus familiares y amigos van a verla no como la "niña **brincona**", de antes, sino como un ser maduro y abierto al mundo.*

brincona: (*adjetivo*) que le gusta brincar, saltar. Sinónimos: inquieta, movida, alegre.

Sara es alta y delgada, de piel blanca y tersa. Su cabello castaño oscuro contrasta con sus ojos azules. Es bonita, con rasgos de mujer ya bien definidos y además nunca ha perdido su toque latino. Tiene una personalidad cautivadora: amable, sencilla, afectuosa y es muy dinámica.

Dos días antes de partir, Sara llama a su mamá a su cuarto y le dice:

– Voy a leerte mi diario. Estoy escribiendo algunas inquietudes que tengo antes de nuestro viaje. ¿Quieres escucharlas?

– Claro que sí –le responde su mamá.

– Ahí va –le dice Sara con entusiasmo y la abraza cariñosamente.

tener mariposas en el estómago: expresión coloquial que se refiere a tener nervios o estar nervioso.

El 28 de junio partimos rumbo a la ciudad de la eterna primavera. No puedo controlar la emoción dentro de mí. **Tengo mariposas en el estómago**… Me hago muchas preguntas:

¿Cómo están mis primos después de tantos años de ausencia?
¿Me recuerdan aún mis tías y tíos?
¿Recuerdo bien la ciudad y mis lugares favoritos?
¿Voy a escuchar muchos "piropos" bonitos?
¿Qué voy a sentir al ver esos hermosos paisajes? ¿Voy a conocer a alguien especial?

ansiar: *(verbo)* desear con intensidad.

parrandear, rumbear: *(verbos)* andar de fiesta, de parranda, de rumba.

disfrutar como loca: divertirse mucho.

mi cabeza da vueltas: expresión coloquial para significar "estar confundido".

Ansío contemplar el verde intenso de las montañas, ver a la gente siempre alegre y hospitalaria, saludar a mi familia, ver chicos guapos y atentos. Voy a **parrandear, rumbear**, respirar alegría y entusiasmo. Voy a **disfrutar como loca**, creo que voy a dormir poco durante estas vacaciones.

Bueno, querido diario, es todo por hoy. **Mi cabeza da vueltas**, mi corazón palpita más a prisa y mis manos tiemblan de ansiedad.

EL MUNDO DE DIEGO

II

formal: *(adjetivo)* serio, bien educado, con buenos modales.

Diego es un joven muy **formal** y trabajador. Desde pequeño, su padre y su abuelo lo aconsejan y le enseñan a mantenerse ocupado. Su abuela, Ana, que lo considera un muchacho muy inteligente, se siente orgullosa de verlo partir diariamente a estudiar.

mijo: *(sustantivo)* forma corta y cariñosa para decir hijo.

– Hasta luego **mijo** y mucho juicio, como siempre –le dice Ana todas las mañanas para despedirlo en el umbral de la puerta, con un beso en la frente.

mamita: *(sustantivo)* forma cariñosa para referirse a la abuela.

– Hasta luego **mamita**. En la tarde vengo a recoger las flores –le dice Diego a la anciana mientras toma su mochila.

Diego piensa que el estudio es cosa muy seria y da gracias a su abuela por inculcarle las ganas de superarse. Está estudiando tecnología en producción agropecuaria en el Politécnico Colombiano Jaime Isaza Cadavid, en la sede de Rionegro, municipio de **Antioquia**. Aunque a veces tiene que desplazarse para ir a tomar algunos cursos a **El Poblado** en Medellín. La horticultura es su pasión y quiere aprender todo al respecto. Desea crear su propia empresa para poder dirigir y hacer prosperar el negocio de flores que sus padres explotan. Desde que él recuerda, su familia vive

Antioquia: *(nombre propio)* departamento de Colombia. Su capital es Medellín. Ver página Web: http://www.gobant.gov.co/.

El Poblado: *(nombre propio)* barrio de Medellín. Ver página Web: http://www.elpoblado.com/.

en una **finca** en donde todos siembran hortalizas y cultivan flores.

En **Santa Elena**, su pueblo natal, el cultivo de flores es una de las más importantes fuentes de trabajo. Es tan importante la floricultura que hay incluso un festival anual conocido como la **Feria de las Flores**. Allí se cultiva una extensa gama de flores todo el año y las distribuyen por todo el país y las exportan a otras partes del mundo.

Todos en la familia de Diego trabajan en la finca. Él ayuda desde los siete años de edad. Recuerda que su padre siempre le dice:

– Diego, hijo, es importante conocer el proceso que siguen las flores para llegar a ser bellas.

Desde entonces escucha con atención cada consejo que su padre le da en relación con las técnicas de la floricultura. Aprende también mucho de su abuelo, Emilio, **paisa bonachón**, **cacheticolorado**, ya **entrado en años** que enseña con filosofía a sus nietos todos sus conocimientos y vivencias. Desde niño, Diego aprende a apreciar la forma como su abuelo ve la vida. Para el anciano, cultivar flores no es solo asunto de producir sino de crear vida y belleza. Diego es su nieto mayor e indudablemente el preferido. Adora a su abuelo y se empeña por mirar la vida de la misma manera que el viejo. Siempre le demuestra ser su mejor alumno. Le fascina observarlo trabajando en la construcción de las tradicionales **silletas** que cada año prepara por el mes de agosto para participar en el desfile de **silleteros** durante los días que anteceden a la Feria de las Flores. A Diego le regocija oírlo hablar parsimoniosamente cuando está trabajando.

silleteros: es una tradición hecha fiesta. Hombres, mujeres, niños y ancianos llevan sus silletas al hombro desde Santa Elena hasta Medellín, donde hacen el desfile.

– Escucha bien Diego –dice el anciano– todas estas flores que están aquí solo están esperando para acomodarse ellas mismas en esta estructura de ramas de pino y follaje, para dar así colorido, vida y alegría. Ellas solo desean expresar el amor que sienten por nosotros que es el mismo que les damos mientras crecen y se hacen hermosas. –Y se deja transportar observando las ágiles manos del artesano y escuchando sus sabias palabras.

Diego también es un soñador. Desea un futuro mejor y está dispuesto a luchar por él. Sueña con la paz y el respeto entre pueblos y hermanos, con la erradicación del hambre, la miseria, la enfermedad y la injusticia. Y más recientemente, sueña con su bella durmiente.

guiño: (*sustantivo*) gesto, señal.

Yo te imagino cada instante de mi vida. Sueño con tu oscura cabellera y con tu suave piel aterciopelada, con un **guiño** de tus ojos y con la dulzura transparente de tu fresca mirada. Escribe en sus cuadernos mientras revisa sus tareas. Le gusta escribir pero se avergüenza de sus escritos que esconde celosamente. También escribe sobre su pasión por las flores:

Para entender el universo de las flores se necesita amor. Ese amor que tenemos cultivadores, silleteros y enamorados de las flores. Ante todo se requiere capacidad para asombrarse ante su belleza y una mirada de niño para hablar con ellas y participar de su mundo.

Para Diego los consejos de su padre y de su abuelo son muy valiosos. Trabaja con mucho entusiasmo en el campo y sabe que es un muchacho privilegiado por contar con el amor de su familia, a pesar de que guarda un dolor en su corazón…

DOS MUNDOS DIFERENTES SE CRUZAN

III

Rionegro: (*nombre propio*) municipio perteneciente al departamento de Antioquia (Colombia) en el que se encuentra ubicado el Aeropuerto Internacional José Maria Córdova que presta sus servicios a la ciudad de Medellín. Está situado a 45 k de Medellín.

barra: (*sustantivo*) grupo duradero de amigos que comparten intereses comunes y suelen frecuentar los mismos lugares.

Cuando el avión empieza a descender, Sara respira profundamente.

– No puedo creerlo, mami. Ya estamos en Medellín, bueno en **Rionegro** –expresa con mucha efusividad.

– Sí, hija, a mí también me parece todo un sueño hecho realidad –le dice su madre con un tono un poco fatigado.

Ese día, desde muy temprano, llega al aeropuerto la **barra** de amigos para recibirlas. En medio del bullicio y de grandes muestras de alegría, los parientes y conocidos las esperan a la salida de la aduana. La mirada de Sara se cruza por unos momentos con la de un chico, joven y atlético que la observa extasiado desde atrás del grupo. A ella le parece muy guapo y se pregunta si las flores que lleva entre los brazos son para ella.

– ¿Acaso ese muchacho tan apuesto viene a recibirnos también? ¿Quién es? ¿Lo conozco? –se pregunta y continúa repartiendo abrazos y besos a los que se acercan a darle muestras de contento por su llegada.

– ¡Sara! –le grita en ese momento Edilma, su tía, quien quiere que pose con el grupo para tomarle

conjeturas: (*sustantivo*) suposiciones, presunciones.

una foto. Su mente, entre tanto, comienza a fabricar todo tipo de **conjeturas** y eso la hace emocionarse.

Ya quiero conocerlo, que me lo presenten y que me dé ese ramo de flores que lleva en sus manos. –piensa Sara, quien parece ausentarse de en medio de la gente y el bullicio. *Mis amigos de Montreal dicen que ya no se usa regalar flores a las chicas pero a mi me encantan los detalles bonitos.*

Él queda maravillado. Se detiene frente a la muchedumbre que grita con frenesí.– ¡Es hermosa! –dice de aquella joven que viene justo de salir. *Esos oscuros y largos cabellos, esa sonrisa angelical, esos ojos claros, es como estar viviendo un momento de sueño.* En el coro de los que la rodean se escucha un nombre y él lo atrapa ávidamente.– ¡Sara! –dice el joven entusiasmado con el ramo de flores entre las manos. *¡Que bello nombre! ¿Acaso estoy soñando? ¿Ella me está mirando también?,* piensa emocionado al cruzarse sus miradas. *¡No! Es tan solo una ilusión, solo está mirando a la gente que la rodea y que la está aclamando,* piensa tímidamente. El flash de una cámara fotográfica lo deslumbra de repente. El muchacho vuelve a la realidad, da media vuelta y se va, pues debe continuar su labor antes del atardecer.

Cuando finalmente se terminan los saludos y bienvenidas, Sara busca con la mirada al joven de las flores y se decepciona al darse cuenta de que ya no está. Pregunta por él a los demás pero nadie lo conoce. Aquel muchacho va diariamente a entregar flores a la tienda del aeropuerto y ese día coincide con la llegada de las viajeras montrealeses.

Mientras se dirigen del aeropuerto a la casa de su tía, las recién llegadas no dejan de admirar el paisaje.

de un tiempo a otro: con cierta frecuencia.

– Todo es tan hermoso, las montañas me atrapan…, pero miren esas flores, tan frescas, tan hermosas, con esos colores tan vívidos. Estos paisajes me llenan de emoción, es como regresar a la vida –expresa Sara extasiada ante las maravillas que sus ojos contemplan. El auto desciende en vertiginoso zigzag por la carretera que se descuelga en pronunciadas y numerosas curvas por la ladera de las montañas. **De un tiempo a otro**, por entre el espesor de los árboles, se puede observar la ciudad. Allá al fondo del precipicio está Medellín, su ciudad natal, destino principal de sus vacaciones…

REDESCUBRIENDO UN MUNDO MARAVILLOSO

IV

medellinenses: (*adjetivo*) para designar a las personas de Medellín.

la ciudad de la eterna primavera: la temperatura en Medellín oscila entre 18° C y 24° C todo el año.

En todo Medellín reina siempre un ambiente de fiesta. Los **medellinenses** están siempre alegres. Sara y su madre están contagiadas de esta alegría. Es una ciudad de clima primaveral, la llaman **la ciudad de la eterna primavera**. Ellas comienzan a disfrutar de sus vacaciones.

Cuando Sara camina por las calles se queda asombrada escuchando los piropos que los chicos le echan:

– ¿Dónde va tan solita niña, no ve que me la pueden robar? O, ¡Ay Diosito, o yo estoy en el cielo o se te acaba de escapar este angelito!

pujante: (*adjetivo*) progresista, poderosa, vital, animosa.

Para ella todo en esta ciudad es relativamente nuevo. Hace cinco años que no vive aquí y una ciudad **pujante** y moderna como esta cambia permanentemente. Desde su llegada comienza a redescubrirla. Pasean por toda la ciudad sin parar. La ciudad de Medellín está situada en el soleado **Valle de Aburrá**, rodeada por verdes montañas. Su gente es cordial, sonriente, alegre y acogedora. Y las invitaciones no faltan para las recién llegadas. Tienen una agenda muy ocupada. Todos los días de la semana están reservados para distintas actividades. Todavía tienen que ir a visitar a tantos familiares que las esperan impacientes. Madre e hija

Valle de Aburrá: se encuentra enclavado en la cordillera que separa las aguas de los ríos Magdalena y Cauca. Fue descubierto en 1541 por Luis Tejelo.

Ver página Web: http://www.metropol.gov.co

Belén: (*nombre propio*) barrio de Medellín.

fonda: hostal, sitio típico para comer.

Festival Internacional de Poesía: fue fundado en 1991, en medio de un clima de violencia y muerte. Es una expresión de la capacidad de la poesía para reconstituir la sociedad y proponer nuevas alternativas a la vida humana. Ver sitio web: http://www.epm.net.co/VII festivalpoesia/.

muchedumbre: (*sustantivo*) abundancia y multitud de personas.

Cerro Nutibara: es el más conocido de los cerros de Medellín. Se levanta en el sector sur occidental, cerca al Río Medellín y al Aeroparque Olaya Herrera. Su extensión es de 33 hectáreas. Desde su cima, a 80 metros sobre el nivel de la ciudad, puede observarse una magnífica panorámica de gran parte del valle de Aburrá.

deben ir a comer con las tías a **Belén**. Las primas Gloria y Ana María las esperan para ir a recorrer los centros comerciales, los cines y las **fondas**. Además, le tienen una invitación sorpresa a Sara porque saben que le encanta la poesía.

– Hoy nos vamos de fiesta y te aseguro que va a ser una velada inolvidable. Nos vemos a las 7:00 de la noche –le dice Gloria con mucho entusiasmo...

Sara se queda sin palabras ante la sorpresa. Esta es la primera vez que asiste al **Festival Internacional de Poesía** en Medellín. Hoy es la inauguración del evento y hay una **muchedumbre** en el **Cerro Nutibara**. Poetas de todo el mundo representando 123 países de los cinco continentes se reúnen para defender la vida con palabras. Sara se detiene a leer el emblema del festival: "*Por una Paz más activa que todas las guerras*". Al empezar la lectura de poemas esa noche, Sara se reencuentra consigo misma, con sus raíces. Llorando de emoción y abrazada a sus primas les dice:

– Gracias por este regalo, hoy vuelvo a comprender que pertenezco a un pueblo luchador, optimista y sensible frente a la desgracia humana... Me siento muy orgullosa de ser paisa.

Esa noche de regreso a casa aprovechan para dar un paseo por la ciudad en el metro de Medellín. Después de tan agradable velada, Sara llega a escribir en su diario.

Querido diario: Esta noche deja muchas huellas en mi vida. Hoy me siento identificada con mi ciudad. Me siento muy sensible frente a todo lo que me rodea. Por otra parte, pasear en el metro en Medellín es algo muy singular y divertido.

Medellín es una ciudad pionera en este sentido. El metro en la ciudad en la que vivimos mi madre y yo es subterráneo. En cambio, en Medellín el recorrido es por el exterior. Da la sensación de estar viajando por encima de la ciudad, a la altura de sus edificios. En uno de sus recorridos atraviesa el valle de norte a sur y uno puede ver el río que lo acompaña a lo largo de su trayecto. Es modernísimo y único en Colombia. Se caracteriza por su limpieza. Hay un civismo en la gente que me maravilla. Estoy también muy sorprendida porque, contrario a lo que pasa en otras ciudades donde la gente sube al metro y busca la **banca** desocupada, en Medellín la gente busca la banca donde hay otras personas y entonces entablan una conversación. La gente se saluda, conversa y se despide. Desde el interior se puede observar a través de sus amplias ventanas la arquitectura y el ambiente de la ciudad antioqueña con sus calles llenas de colorido. ¡Ah! También existe aquí el **metro cable**. Es un novedoso medio de transporte. Como su nombre indica es un transporte por cables que comunica el noroccidente de Medellín con los barrios populares asentados en la montaña. En el recorrido muchas cosas llaman mi atención, entre ellas, un anuncio publicitario referente a la Feria de las Flores…

Los preparativos para la Feria de las Flores están en curso. Muy pronto es el desfile de silleteros. Las calles desbordan de alegría y movimiento. En la avenida San Juan los trabajadores se afanan a construir los palcos para los espectadores. El tráfico se vuelve lento y los automovilistas, resignados, buscan otras arterias para llegar a sus destinos.

– ¡Ay, mami! Me siento como aturdida por todo este ajetreo. Definitivamente me embriaga todo este ambiente bullicioso. ¿Puedes decirme qué es lo que está pasando?
– ¡Claro, Sara! **La Feria de las Flores** es un festejo

FERIA DE LAS FLORES
PATRIMONIO CULTURAL DE COLOMBIA

Medellín te abre sus puertas del 25 julio al 10 de agosto

"Cuando pasan los silleteros es Antioquia la que pasa"

Los preparativos para la Feria de las Flores están en curso. Muy pronto es el desfile de silleteros. Las calles desbordan de alegría y movimiento.

cabalgata: (*sustantivo*) desfile de jinetes, carrozas, bandas de música, danzantes, que se organiza como festejo popular.

me matan: expresión coloquial para expresar mucho gusto por algo.

a la orden: en Colombia, forma de respuesta inicial en las llamadas telefónicas.

tradicional que data de 1957. Se lleva a cabo durante las dos primeras semanas del mes de agosto, mes de la independencia antioqueña. Es el evento que reúne a todos los antioqueños. Miles de turistas visitan nuestra ciudad por estos días. Y esta se engalana de flores, alegría, paz y diversión. Otros eventos como el Reinado de las flores, la **cabalgata**, el Desfile de autos clásicos y antiguos, la Exposición de Orquídeas, pájaros y flores, los tablados y las Fondas de mi pueblo, se efectúan durante este período.

– ¡Qué lindo se oye todo eso mami, yo quiero asistir a todos esos eventos!

– No sé si es posible estar en todos, Sara, porque tenemos muchas cosas que hacer. Además tu tía te tiene una invitación sorpresa.

– ¿Qué dices? No, mami, tú sabes que a mí las sorpresas **me matan**. Ahora mismo voy a preguntarle –Sara coge el teléfono y marca el número correspondiente. Después de una corta espera se escucha del otro lado de la línea.

– ¿**A la orden**?

– ¡Hola, tía! ¿Cómo estás? Te habla Sara.

– ¡Hola, Sara, qué alegría oírte! ¿Te estás divirtiendo? Justamente estoy pensando en ustedes. Y es que te tengo una sorpresa.

– Sí, ya sé tía, mi mamá acaba de contarme. ¡Bueno, pues, dímelo ya por favor!

– Mira que eres ansiosa. Se trata de invitarlas a pasar el fin de semana en mi finca en Santa Elena. Allá donde se hacen los preparativos para el desfile de silleteros. ¿Qué te parece?

besote: (*sustantivo*) expresión coloquial, un beso enorme.

mija: aquí forma cariñosa para dirigirse a un familiar más "joven", o a una persona afectivamente cercana.

– ¡Ay sí, sí, sí, tía, tú sí que eres sensacional! –responde Sara brincando de alegría.

– ¡Eres adorable, te voy a dar un **besote**, te quiero mucho!

– Bueno **mija**, creo que van a disfrutar mucho. Entonces a arreglar maletas...

Ella cuelga el teléfono y da la noticia a su madre.

– ¿No te parece maravilloso mami? Nos vamos a divertir muchísimo. Quiero ir a visitar las fincas y conocer a mucha gente. Voy a arreglar mis cosas y a preparar mi cámara porque quiero registrar todo para mis amigos de Montreal.

– Sí, Sara –responde su madre con entusiasmo al ver la alegría de su hija.

PÁRATE UN MOMENTO

DESPUÉS DE LEER...

A. Elige la opción correcta o las opciones correctas, según la historia.

1. ¿Qué le gusta hacer a Sara cuando está sola?

   ❑ a. Estudiar ❑ b. Navegar en Internet ❑ c. Escribir
   ❑ d. Bailar ❑ e. Tocar la guitarra ❑ f. Leer

2. ¿Cómo son los chicos que le gustan a Sara?

   ❑ a. Altos ❑ b. Guapos ❑ c. Inteligentes
   ❑ d. Desatentos ❑ e. Caballerosos ❑ f. Detallistas

3. ¿Cómo es Sara físicamente?

   ❑ a. Delgada ❑ b. Morena ❑ c. Bonita
   ❑ d. Muy alta ❑ e. De cabello castaño ❑ f. De ojos verdes oscuro

4. Sara dice que tiene mariposas en el estómago cuando...

   ❑ a. piensa en su viaje a Medellín.
   ❑ b. piensa en su amigo Javier.
   ❑ c. piensa en sus estudios.

5. Diego es un joven:

   ❑ a. Trabajador ❑ b. Estudioso ❑ c. Egoísta
   ❑ d. Bien educado ❑ e. Colaborador ❑ f. Perezoso

6. Para Diego el estudio...

   ❑ a. no es necesario.
   ❑ b. es más importante que el trabajo.
   ❑ c. es un asunto muy serio.

B. Completa cada frase de manera lógica según la información en el texto.

    a. .... es el pueblo natal de Diego.

    b. .... es la ciudad natal de Sara.

    c. En el Municipio de .... está el Aeropuerto Internacional José María Córdova.

    d. El .... y .... son barrios de la ciudad de Medellín.

    e. Medellín es la capital de ....

AHORA ES TU TURNO...

A. Responde las siguientes preguntas y comparte tus respuestas con un compañero.

    1. ¿Qué te gusta hacer cuando estás solo?
    2. ¿Cómo son los chicos o chicas que te gustan a ti?
    3. ¿Cuándo tienes mariposas en el estómago?
    4. ¿Qué piensas sobre el estudio?

B. Imagina que en tus próximas vacaciones vas a salir de tu país y que debes solicitar una visa. Completa la siguiente solicitud.

PRIMER APELLIDO ....

SEGUNDO APELLIDO ....

NOMBRE ....

LUGAR DE NACIMIENTO ....

FECHA DE NACIMIENTO [D/M/A] ....

NACIONALIDAD ....

ESTADO CIVIL:

        ❑ SOLTERO   ❑ CASADO   ❑ VIUDO

        UNIÓN LIBRE ❑   DIVORCIADO ❑

PASAPORTE ❑   TARJETA DE EXTRANJERÍA ❑   N.º ....

SEXO: ❑ M   ❑ F

DIRECCIÓN Y CIUDAD DEL ÚLTIMO PAÍS DE DOMICILIO

....

TELÉFONO: ....

PROFESIÓN U OFICIO: ....

ENTIDAD LABORAL: ....

TELÉFONO ....

C. Sara decide escribirle a una amiga colombiana de Canadá sus primeras impresiones sobre el viaje. Lee con atención lo que aparece en su diario e imagina cómo puede ser el breve correo electrónico que manda a su amiga.

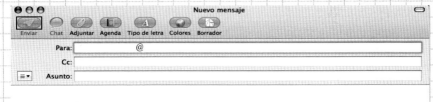

UN MUNDO DE SORPRESAS

V

– Ya casi es el desfile, abuelo. ¿Cuál es tu idea para decorar tu silleta este año? –le pregunta Diego a Emilio. El viejo, intrigado, detiene sus labores por un momento.

– No la tengo aún –responde.

– ¿Qué me sugieres tú? Seguramente quieres hacer trabajar la materia gris de tu **viejo**. ¿Cierto?

Entusiasmado por el interés del abuelo, el chico agrega:

– Sí **papito**, en realidad apenas puedo contenerme para contarte esta idea que me viene a la mente.

– Vamos, dilo ahora mismo porque estoy intrigado por conocer qué tipo de locura se te ocurre ahora.

El joven **finge** sorpresa–. ¡Oh, abuelo, no son locuras! Ahora no te cuento. Con tono conciliador el abuelo replica: –vamos, vamos, que sabes que sí lo son, además que estás ansioso por contarme. ¡Bueno, admito que tus locuras siempre resultan ser interesantes y dan resultado!

– ¡Bueno, disculpas aceptadas! Mira viejo, pienso que es un buen proyecto. ¿Qué dices de poner como motivo de este año: la maravillosa capaci-

viejo: apelativo cariñoso que se aplica a los padres o personas mayores.

papito: apelativo cariñoso para referirse al abuelo.

fingir: (*verbo*) disimular, aparentar, pretender.

culicagado: regionalismo para muchacho, niño, chiquillo.

dad de pensar, amar y trabajar?

– ¡Eh, **culicagado**, no está mal! ¡No está nada mal! Lo sé desde siempre. Tú tienes cabeza de filósofo y vas a llegar lejos. Voy a pensar cómo hacer eso con figuras florales representando tu idea. Bueno, quizás voy a necesitar algunas palabras para apoyarla. No sé. Ahora, a terminar tus labores y yo las mías.

El joven parte contento al ver el regocijo que causa a su abuelo y de saberse apreciado. El viejo patriarca lo observa alejarse con una sonrisa en los labios, se agacha, coge sus herramientas y, silbando, continúa sus tareas cotidianas.

De las palabras y su Aroma: escrito por Carlos Castro Saavedra, prestigioso escritor y conocido como el poeta de la raza antioqueña.

Diego se aleja a seguir con sus labores. Al terminar su jornada, como de costumbre, coge uno de sus libros favoritos, **"De las Palabras y su Aroma"**, va a su dormitorio y se sienta al borde de la cama. La lectura siempre lo aísla del resto del mundo. Fija su mirada sobre un párrafo que le llama la atención:

"Es bueno trabajar y ver que el mundo crece, aunque sea un poquito, gracias a nuestra capacidad de pensar y el esfuerzo de nuestras manos. Crear y recrear a toda hora es vivir de verdad y entender que la vida es movimiento, obstinación e inspiración".

Después de leer este fragmento que le recuerda a su abuelo, Diego se siente profundamente inspirado, cierra el libro y sale a continuar con las labores pendientes...

vereda: (*sustantivo*) caserío o sección administrativa que hace parte de un pueblo.

Por el camino que lleva a la **vereda** El Placer, se aproximan tres autos en fila. Diego se detiene para

"Es bueno trabajar y ver que el mundo crece, aunque sea un poquito, gracias a nuestra capacidad de pensar y el esfuerzo de nuestras manos. Crear y recrear..."

verlos pasar. Intrigado, trata sin éxito de mirar a los pasajeros a través de los vidrios ahumados. Emilio también los percibe desde su lugar de trabajo. *Ya empiezan a llegar los visitantes,* piensa, volviendo a mirarlos, pero lo único que alcanza a distinguir desde allí es la estela de polvo que dejan detrás.

Desde el interior de uno de los autos, Sara toma fotos del paisaje. Fija su atención en el joven parado allí a la orilla del camino. Estabiliza la imagen y aprieta el botón. Curiosamente el chico le parece familiar. Trata de recordarlo. Observa con atención la imagen del muchacho que parece estarla mirando, congelado allí, en la pantallita de su cámara digital. Su esfuerzo se ve interrumpido unos minutos más tarde cuando llegan a la finca de la tía Edilma. José, el mayordomo encargado de cuidar la propiedad, sale a recibirlos, abre el portón para dejar entrar los autos y darles la bienvenida.

– Hija, debemos bajar las cosas del auto y ponerlas en los dormitorios –dice Edilma a su sobrina en cuanto descienden del auto.

– Ay, sí tía –responde Sara pensativa.

– Oye, tía, ¿traes contigo las fotografías del día de nuestra llegada al aeropuerto?

– ¡Claro, mija! ¿No ves que todos están ansiosos por mirarlas? Me muero por mostrártelas. Vas a ver qué linda y qué contenta te ves.

– ¿Podemos mirarlas ya? Deseo comprobar una cosa.

– ¡Mira tú, sí que eres ansiosa!

– Es que tengo una **corazonada**, tía.

– Bueno, aquí las tienes, te dejo que las mires mien-

corazonada: expresión coloquial. Presentimiento, intuición.

mazo: (*sustantivo*)
montón.

tras regreso. Tengo algo urgente que debo hacer. Ya vuelvo.

Sara toma el **mazo** de fotografías y las pasa rápidamente. Se detiene en una de ellas.

– ¡La tengo! mi suposición era correcta –Ella compara una de las fotos con la última imagen en la pantalla de su digital y comprueba lo que tiene en mente.

Es el mismo chico de las flores en el aeropuerto, piensa Sara sintiendo una rara emoción. Va al encuentro de su madre para hacerla participe de su hallazgo.

– ¿No te parece una extraña coincidencia, mami? ¡Es él al primero que veo justo llegando en dos diferentes lugares y además aparece en dos de mis fotografías!

Su madre la observa detenidamente y se preocupa al ver el rubor de sus mejillas. A las madres siempre les preocupa el bienestar de sus hijos. Un poco bromeando le responde:

– Sí, Sara, debe ser una señal de Dios.

La joven sonríe ante el optimismo de su madre y sale a dar una vuelta por las cercanías.

Toda la familia está planeando ir a dar un paseo a pie para conocer las fincas del alrededor. Ya es tarde y según las costumbres del lugar, los artesanos comienzan a elaborar sus silletas a esta hora y pasan la mayor parte de la noche decorándolas para el desfile del día siguiente. José les recomienda ir a visitar al viejo Emilio, quien es reconocido por ser de los mejores y el más cordial de los artesanos...

DOS MUNDOS DIFERENTES SE ENCUENTRAN

VI

hasta los topes: expresión coloquial. Lleno completamente.

estaderos: (*sustantivo*) se usa como sinónimo de restaurante. Lugar donde los viajeros pueden comer, beber, descansar o bailar, cantar y festejar.

tinto: (*sustantivo*) café negro servido a la mitad en una taza pequeña.

empanada: (*sustantivo*) masa de pan rellena de carne. Las empanadas colombianas son un bocadillo típico. También hay empanadas chilenas, argentinas, etc.

buñuelos: (*sustantivo*) bola pequeña de masa de yuca, que se prepara con huevo y queso. También se tiene en Venezuela y España.

aguardiente: (*sustantivo*) bebida de alta graduación alcohólica típica de hispanoamérica y España.

Los caminos en Santa Elena casi siempre son tranquilos y poco transitados. Pero en esta época del año hay mucho bullicio. Llegan visitantes de todas partes y entre ellos reina la alegría. Los autos están **hasta el tope** de gente, de paquetes y mercancías; suben y bajan por las laderas de las montañas esquivando a la multitud de caminantes que circula entre ellos. En el camino principal hay muchos **estaderos**, todos ellos desbordados de gente. Una de las principales atracciones es visitar las fincas o casas de los artesanos y cultivadores de flores. La gente sale en grupo y se ve acogida por los moradores de estos lugares, quienes dan la bienvenida a todo el mundo; todos parecen ser una misma familia. Los campesinos y artesanos ofrecen a los visitantes **tinto**, **empanadas**, **buñuelos** o un **aguardiente** y se ofenden si no les aceptan algo. Es realmente una experiencia llena de calor humano.

La familia Jaramillo es reconocida por su sencillez, cortesía y carisma. Da a sus visitantes un trato especial y estos se sienten como en su propia casa. Sara, su madre, su tía, los familiares y amigos están encantados con el trato que reciben. Emilio Jaramillo, es un amigable anciano que sin dejar de hacer su labor los recibe en su hogar con todo el gusto del mundo. Desde su llegada, todos miran extasiados la silleta multicolor. La decoración que Emilio va lentamente plasmando en esa armazón de ramas y follajes es admirable. Sara no puede contener su curiosidad y no deja de hacerle preguntas al gentil hombre, quien responde pacientemente.

— Oiga, don Emilio, ¿cuántas flores se utilizan en la decoración de una silleta como esta?

— Bueno, niña, la cantidad nunca es exacta; varía dependiendo del tamaño, de la flor y del diseño. Pero en esta yo pienso poner alrededor de setecientas flores de diversos tipos y tamaños.

— ¿Cuánto pesa una silleta?

— Puede llegar a pesar hasta 70 kilos.

— ¿Cuánto mide?

— Esta es de solo un diámetro de 2.5 metros, pero pueden llegar a medir hasta 5 metros de altura con un diámetro similar.

— ¿Cuáles son los nombres de las flores que se utilizan?

— Algunos tipos de flores con que se elaboran las silletas son: pinochos, lirios, claveles, agapantos, chispas, girasoles, tul de novia y gladiolos.

— ¿También utilizan orquídeas?

— ¡Claro, niña! La familia de las Orquidáceas es la más grande del reino vegetal, con treinta mil especies que se pueden encontrar desde el polo hasta el trópico y su tamaño varía desde las gigantes hasta las microscópicas.

— A mí me encantan. ¿Ustedes cultivan algún tipo de orquídeas?

— ¡Sí! La Catleya, es un género de orquídeas y agrupa cerca de cincuenta especies. Todas ellas se pueden encontrar en la América tropical y nosotros cultivamos varias de ellas. ¿Quieres ver algunas?

– ¡Ay sí, qué emoción, quiero verlas todas!

– Pues ahora mismo llamo a mi nieto para que te las muestre. Están en el invernadero. ¡Diego, Diego, ven acá que te tengo una labor que te va a gustar! –grita el anciano con cierto tono de picardía para hacerse escuchar.

La madre de Sara interviene, pues a ella no le parece una buena idea.

– ¡Sara, hija! No debes molestar al señor. ¡Mira qué ocupados están ellos y todavía les vas a dar más quehacer! –argumenta para tratar de evitar que su hija se aleje con un desconocido.

Emilio, notando su inquietud y sabiendo lo aprensivas que son las madres antioqueñas, agrega para tranquilizarla:

bizcocho: (*adjetivo*) piropo usual en Colombia. Linda, preciosa, bonita.

se los voy a presentar: estructura no presente en el español estándar en la que el valor plural de "se" se traslada a la forma "lo" que pasa a ser la que recoge el aspecto plural. (los).

lobo de mar: expresión para significar alerta, sagaz, con mucha experiencia en la vida.

– No se preocupe, **bizcocho**, que no va a ir lejos. El invernadero está aquí mismo en la propiedad. Además mi nieto es un buen muchacho. Ya lo va a ver, **se los voy a presentar**.

En eso, como un tornado, con un montón de flores que no permiten ver sino el sombrero, entra Diego.

– ¡Ya estoy aquí, viejo! ¿Me necesitas? Con tus gritos me haces interrumpir mis tareas, aquí te traigo más flores. ¿En qué otra cosa puedo servirte? –deja la carga en un rincón y se endereza para darse cuenta de la presencia de todos los reunidos ahí, va a decir algo pero se detiene, queda estático, y fija su mirada en la linda joven que tiene enfrente. Emilio, viejo **lobo de mar**, capta inmediatamente la turbación de su nieto y sale a su rescate.

– ¡Sí, gracias! Quiero presentarte a nuestros invitados. Esta es Sara, su madre y familiares –el hombre interrumpe por unos segundos para permitirle al joven saludar a los visitantes.

– Buu…buenas tardes –dice el muchacho controlando el nerviosismo que lo invade de repente, y después de voltear a saludar hacia a ambos lados, vuelve a posar su mirada en Sara sin poder pronunciar más palabras. Un poco divertido, el anciano continúa explicándole.

– Ellos vienen de Medellín. Están aquí para vernos trabajar y quieren conocer sobre nuestro trabajo en la Feria de las Flores –ahora todos, esbozando una sonrisa de complicidad, observan al muchacho. Él, sin darse cuenta, sigue allí, de una pieza, sin movimiento alguno, absorto ante la aparición delante de sus ojos. Su abuelo que lo conoce demasiado bien, sabe que algo muy singular está pasando por la cabeza de su nieto. Para sacarlo de su estado **lelo**, le dice:

– Sara quiere conocer los sembrados de orquídeas que hay en la finca. ¿Puedes acompañarla?

Es evidente que Diego no está poniendo atención a su abuelo. Todos los presentes comienzan a hacer bromas discretas y ríen disimuladamente para no hacerlo sentir mal. Sara, entre divertida y conmovida por la actitud del chico, se sobrepone a su propia impresión y lo salva cogiéndolo del brazo.

– Tu abuelo dice que tú conoces mucho de flores. Vamos, muéstrame el invernadero en donde están.

La madre de Sara los ve partir enternecida por el

lelo: (*adjetivo*) expresión para decir que está como pasmado, inmóvil.

aire inocente del muchacho. Lo encuentra aún más guapo que en la fotografía. Sonríe y hace gestos a los demás como espantando moscas, queriendo decir con señas, no lo molesten más.

Durante el trayecto por el corredor que conduce al invernadero, Sara y Diego caminan en silencio. Ella piensa que es realmente una agradable coincidencia encontrarse con este chico al cual ella ya conoce a través de fotos.

¿Es posiblemente como mi madre dice, un signo de Dios? Ella es un poco **escéptica**, pero no es indiferente a la idea de los designios del destino. Él, por su parte, lucha por salir del **estupor** y no parecer tonto. Sabe que Sara es la misma chica del aeropuerto de hace dos semanas y está feliz de volverla a ver. A la entrada del invernadero se detienen y se observan. Tienen la impresión de conocerse desde siempre. Después de unos segundos de mirarla detenidamente, Diego comienza a balbucear:

— Perdón, mi nombre es...

— Sí, ya sé, Diego —lo interrumpe Sara, riendo—. Y yo me llamo...

— Sí, ya sé, Sara, es un nombre hermoso —se apresura a decir con una sonrisa que cautiva a la joven. La coge del brazo y los dos se adelantan por entre los corredores del plantío como dos viejos amigos. Se dejan envolver por la **charla**, el perfume del ambiente y los colores de ese mar de flores. Así comienza una nueva relación. Después de terminar su recorrido por el invernadero, Diego, tímidamente, la invita a salir por la noche, una vez terminada la silleta, para festejar...

---

escéptica: (*sustantivo*) alguien que no cree fácilmente o que no se deja impresionar.

estupor: (*sustantivo*) asombro.

charla: (*sustantivo*) conversación.

VIVIENDO UN MUNDO INTENSO

VII

parranda: (*sustantivo*) fiesta bulliciosa, especialmente la que se hace yendo de un sitio a otro.

amontonarse: (*verbo*) reunirse, juntarse.

independencia colombiana: todos los 7 de agosto de cada año Colombia conmemora la fiesta patria. Se celebra la culminación exitosa de la Campaña de los Andes con la Batalla de Boyacá liderada por Simón Bolívar. Puedes consultar más en: http://www.colombiaaprende.edu.co/html/estudiantes/1599/article73430.html

reciente: (*adjetivo*) sinónimo de nuevo. Que se conocen hace poco tiempo.

No se puede decir en realidad cuándo empieza la fiesta pero la **parranda** comienza en cualquier momento. En los estaderos se improvisan discotecas y todo es un derroche de alegría. Una pareja se pone a bailar y enseguida **se amontonan** otras imitándola. Se baila en la pista de baile o al pie de las mesas, a la orilla del camino o a media calle, a un costado del grupo musical o en el medio de la multitud. Por todos lados hay grupos tocando alegres cumbias, vallenatos, porros, salsa y raegetón, que son los ritmos que más les gustan a los colombianos. En las plazas, dentro de las fincas y en la calle todo es bullicio. Así es de intenso el ambiente que se vive en estos lugares la noche del 6 de agosto, con motivo del aniversario de la **independencia colombiana**.

Cansados de bailar y de festejar durante la noche los **recientes** amigos deben despedirse. Diego no desea separarse de su nueva amiga. Está feliz con ella pero debe ayudar a su abuelo a terminar la silleta de flores.

– Estoy encantado de conocerte. Eres muy agradable y alegre –le dice Diego a Sara.

– Sí, lo mismo pienso yo. Eres muy chévere.

Gracias por la compañía y por toda una noche divertidísima. Espero volverte a ver pronto –le responde Sara.

– ¡Eh! ¿Quieres ir al desfile conmigo? –dice Diego con un aire de inquietud–. Yo tengo que estar allí de cualquier manera.

– Sí quiero, pero necesito hablar con mi madre, debo ver cuáles son sus proyectos. Mira, este es el número de teléfono al que me puedes llamar más tarde para confirmarme.

corredor: (*sustantivo*) lugar de paso o de acceso donde la gente se reúne a compartir.

Tan pronto como se despide del chico, Sara entra corriendo y saluda a los que se encuentran en el **corredor** de la finca. Todos parecen fatigados por el desvelo pero hay un ambiente de regocijo y de contento. Nadie desea ir a dormir y ya están haciendo planes para continuar festejando. Todos tienen un pensamiento en común: darse un baño, tomar el desayuno y ser el primero en estar listo para salir al desfile de silleteros. Sara encuentra un espacio de tiempo para escribir sus impresiones en su diario.

Querido diario: Tengo un nuevo amigo. Su nombre es Diego. Es un chico formidable. Es un poco tímido pero es simpatiquísimo y muy inteligente. Me encanta su sonrisa. Sabe bailar muy bien. Es ameno y agradable. Le gusta abordar temas interesantes y le preocupan los problemas del mundo. También le gusta ayudar a su comunidad. A toda mi familia le parece muy guapo. Es un chico inteligente, sensible y trabajador. Bueno te dejo. Tengo que hablar con mi madre sobre mi salida con Diego.

La muchacha sale al corredor en donde se reencuentra con su madre y le habla de su experiencia de

suelen hacer: acostumbran a hacer, hacen normalmente.

la noche anterior y de sus intenciones de acompañar al chico hoy en su recorrido. A la madre no le parece la mejor de las ideas pero después de ciertos argumentos dados por la hija, como todos los hijos e hijas **suelen hacer**, la madre acuerda las condiciones y asunto arreglado.

Después de todo, piensa la madre para tranquilizarse, *es un chico agradable y correcto, ah y me parece muy juicioso ayudando a su familia.*

Diego llega contentísimo a su casa y saluda a su abuela con un beso bien apretado en la mejilla. Ella advierte inmediatamente el buen estado de ánimo del joven.

traguitos: *(sustantivo)* coloquial para referirse a alguna bebida como café, por ejemplo.
rogar: *(verbo)* suplicar, insistir.
morirse de hambre: expresión coloquial para significar que tiene mucha hambre.
arepa con quesito: es un desayuno típico antioqueño. La arepa se hace con maíz y el quesito es queso fresco.

– Ven, siéntate a tomar unos **"traguitos"** –le dice la anciana; pone la mesa y enseguida le sirve el desayuno. El muchacho obedece de inmediato y le dice bromeando:

– No me vas a **rogar** mamita porque vengo **muriéndome de hambre**. –Y mientras come su **arepa con quesito**, pregunta por los demás.

– ¿Qué hay de papá y de papito, dónde andan?

– Ellos están trabajando mijo, te deben estar esperando.

– ¿Mamita, qué tal está la silleta del papito? ¿Te gusta la idea?

– ¡Ay, mi niño, está hermosa, tu idea es formidable, yo pienso que se va a ganar un premio este año! Corre, ve a ver que tu papito debe estar desesperado por mostrártela.

El chico se levanta, apura el resto del bocado y sa-

berraco: expresión típica antioqueña para calificar una situación o tarea como difícil de realizar, complicada, problemática, enredada, confusa.

parsimonia: (*sustantivo*) lentitud y sosiego en el modo de hablar.

ufanarse: (*verbo*) sentir vanidad, jactarse, vanagloriarse.

hacer falta: tener necesidad.

le hacia el corredor donde se encuentra su abuelo dándole los retoques finales a su obra maestra.

— ¡Oye, viejo, pero mira nada más qué **berraco** trabajo tienes aquí! Eres genial. Mamita dice que el premio de este año es para ti. Yo creo lo mismo.

El anciano responde con **parsimonia** y modestia:

— No debes **ufanarte** porque entonces pierde esencia el sentido de la vida. Cuando participas en cualquier actividad lo haces por el placer de dar lo mejor de ti mismo. No esperas una recompensa a tu contribución pues la recompensa te la da tu propia satisfacción. Si por un azar del destino tu desempeño logra un reconocimiento particular, no hay que olvidar que es tan solo una recompensa al esfuerzo de todos los que en él participan, que no son ni menos ni más merecedores que tú.

Diego sabe que su abuelo no se conmueve por ninguna retribución económica. Sabe también que el dinero les **hace falta** pero él siente profundo respeto por los ideales del anciano.

— ¿Quieres que yo cargue la silleta esta vez papito?

— Hombre, muchacho, te agradezco mucho por tu ofrecimiento pero me gusta hacerlo yo mismo. Además ¿no me consideras demasiado viejo para esto, verdad?

— No, abuelo, ¿cómo se te ocurre? Es que quiero entrenarme y quedar bien con las chicas.

— Sí, ya veo. Oye, a propósito, ¿qué hay de tu nueva amiga, es linda, cierto?...

Maravillada por lo espectacular del evento, Sara se

tumulto: (*sustantivo*) sinónimo de multitud.

la dicha: expresión coloquial para decir que siente mucha alegría.

ermita de Veracruz: ver pagina Web: http://www.geocities.com/isazamedellin/

Museo de Antioquia: ver pagina Web: http://www.museodeantioquia.org/paginas/mus_01.html

Fernando Botero: ver pagina Web: http://www.museodeantioquia.org/paginas/mus_01.html

pinacoteca: (*sustantivo*) galería o museo de pinturas.

Universidad de Antioquia: ver pagina Web: http://www.udea.edu.co

deja envolver por el bullicio de carnaval que reina en el ambiente. La impresiona el **tumulto** de gente que entonando himnos, gritando para saludarse de un extremo al otro, silbando, bebiendo y comiendo, se aglomera a un costado del camino para presenciar el paso de los silleteros. Este desfile de artesanos muestra en su recorrido el gusto que ellos sienten por este arte, el placer que les causa ser parte de un pueblo que ama la vida y la vive eufóricamente. Sara, acompañada de Diego y de su abuelo, se siente parte integrante del programa y no cabe en sí misma de **la dicha** al vivir esta nueva experiencia.

Sara disfruta más intensamente sus vacaciones desde que conoce a Diego. Él la acompaña en sus salidas por la ciudad y la lleva a conocer muchos lugares de interés. Ya conoce la **ermita de la Veracruz** al lado del **Museo de Antioquia**. En el museo visitan la sala Botero en donde se exhibe una gran cantidad de obras del famoso pintor y escultor antioqueño, **Fernando Botero**. Recorren también la **pinacoteca** del Museo de Arte Moderno y el Palacio de la Cultura, antigua sede de gobierno del departamento.

La **Universidad de Antioquia** le parece a Sara un monumento a la sabiduría en medio de árboles, flores y muchas ardillas. Piensa en ese maravilloso contraste entre la ciencia y la naturaleza.

– Un día voy a estudiar aquí –le dice Sara a Diego mientras recorren tomados de la mano la Universidad.

– No te creo –le dice Diego.

mercado de San Alejo: es una feria artesanal en la que los artesanos exhiben y venden sus productos.

Parque Bolívar: un lugar para bohemios y artesanos.

Catedral Metropolitana: ver pagina Web: http: //www.poorbuthappy.com/colombia/node/3919

la Candelaria: ver página Web: http:// www.terra.com.co/pro yectos/espaciosmedellin/interiores/iglesias/las_%20iglesias.ht m#candelaria

Parque Berrío: ver página Web: http:// www.terra.com.co/pr oyectos/espaciosmedellin/interiores/centro/galeria_fotos/galeria_fotos.htm.

no hay fecha que...: proverbio; significa que todo plazo tiene un fin.

Juanes: cantante moderno, compositor y guitarrista colombiano.

coqueto: (*adjetivo*) en este contexto es un tono con el que da señales un enamorado sin comprometerse.

pícaro: (*adjetivo*) malicioso, astuto.

– ¿Por qué no?, aún no sé muy bien dónde está mi destino –argumenta ella.

Diego siente que su corazón palpita mucho más aprisa...

Un sábado en la tarde van al **mercado de San Alejo** en el **Parque Bolívar**; ella queda enamorada de las artesanías y antigüedades, así como de la monumental **Catedral Metropolitana** situada justo a un lado del parque. A Diego le divierte y le hace sentir bien la emoción que ella demuestra en todos sus recorridos, pero lo conmueve su expresión cuando la lleva a conocer **la Candelaria**, la antigua Catedral, hermosa muestra de arquitectura colonial en el **Parque Berrío**.

Lamentablemente el tiempo es limitado y como dicen los paisas: **no hay fecha que no se llegue ni plazo que no se cumpla**. Así las vacaciones de Sara están llegando a su fin. Ella no puede dejar de sentirse triste pues siente que está enamorada de este mundo tan diferente al que ella vive cotidianamente. Se le despiertan nuevos sentimientos, nacen nuevas dudas en su interior.

Diego, presintiendo que su amiga se encuentra confundida, trata de consolarla y, mientras caminan por el Jardín Botánico, la invita a salir por la tarde.

– ¿Qué te parece si esta noche vamos al concierto de **Juanes** que se presenta en el teatro Metropolitano?

– ¡Es una idea fenomenal! –le responde Sara con mucho entusiasmo.

– ¿Te gusta mi compañía o te gusta Juanes? –Le pregunta Diego con un tono un tanto **coqueto** y **pícaro**.

– Sabes muy bien que me gusta Juanes porque las letras de sus canciones reflejan la cotidianidad y su música despierta al corazón más dormido, además ama su tierra natal como yo la amo..., pero... me gusta más tu compañía, me gustan las caricias de tus manos, me gusta estar contigo...

UN MUNDO DE RETOS

VIII

Cada día está más próximo el regreso de Sara a su ciudad de residencia. Como despedida, Diego la invita a hacer un recorrido en el metro cable. Caminan tomados de la mano y se transmiten un sentimiento de tristeza por la inminente despedida. Una vez montados en la cabina, experimentan en la altura una sensación de temor pero al mismo tiempo sienten un reto frente a lo que va a llegar a sus vidas. Irrumpe un silencio entre los dos. Sara observa las calles en las que se asientan los barrios populares perfectamente bien trazadas hasta arriba de las montañas. Siente que así como su ciudad se divide en dos: una parte moderna y de **auge** y otra en la que miles de personas de bajos recursos se encuentran **hacinadas**; así también su vida parece estar partida en dos. Su corazón y su mente libran una verdadera batalla. Diego trata de romper el silencio dándole algunos consejos.

auge: (*sustantivo*) crecimiento y desarrollo.

hacinadas: (*adjetivo*) amontonadas, acumuladas sin orden.

— Es difícil a veces seguir el camino que tenemos trazado. Mi abuelo dice que es más sencillo seguir la senda que nos dicta el corazón porque es la que nos guía hacia donde nosotros deseamos. Sin embargo, no podemos olvidar que la cabeza nos obliga a meditar en lo razonable de nuestras

Una vez montados en la cabina, experimentan en la altura una sensación de te-mor pero al mismo tiempo sienten un reto frente a lo que va a llegar a sus vidas.

decisiones. −Como observa que ella lo mira fijamente mientras lo escucha con interés, continúa...

− La mayoría de las veces nos dejamos llevar por el ánimo del momento y creemos que eso es lo que deseamos pero más tarde reconocemos nuestra equivocación, recomenzamos con nuevas energías y olvidamos −Sara lo interrumpe y le dice con seguridad:

− ¡No, yo no te voy a olvidar! Mi corazón ya está aquí contigo. Y aunque tengo que partir, yo sé que voy a regresar. Hoy tengo el desafío de terminar asuntos lejos de ti pero mi corazón se queda aquí a tu lado...

De nuevo en su mundo, Sara guarda el aroma del ramo de rosas rojas, regalo de Diego antes de partir. De ese ramo solo guarda una rosa **disecada** que lleva a todo lugar en su diario y en la misma página guarda las fotografías de Diego. Sabe muy bien que esa rosa está impregnada de él: él las cultiva y las recoge con sus manos y, al entregárselas, le entrega su corazón. Ella intenta continuar su vida pero todo le resulta ajeno y sin sentido. Tal parece que su alma se queda con Diego entre las verdes montañas de su tierra natal mientras que su cuerpo **deambula** sin esencia por las calles solitarias de Montreal. Está perdidamente enamorada de sus raíces y de ese chico maravilloso que en tan poco tiempo se ha ganado su corazón. Guarda en su interior la ilusión de regresar a sus raíces... También recuerda las últimas palabras de Diego:

− Espero verte pronto. El premio a la mejor silleta va a ser utilizado para comprar mi billete de avión. Es el maravilloso regalo de mi abuelo para

disecada: (*adjetivo*) seca y conservada.

deambular: (*verbo*) andar, caminar sin dirección determinada.

armarse de valor:
(*verbo*) llenarse de valor para enfrentar una situación difícil.

mí. −es la promesa de Diego al despedirse.

− Esa es mi gran ilusión −piensa Sara mientras prepara un informe para su curso de escritura creativa.

Diego continúa su vida pero tampoco vuelve a ser el mismo de antes. Su abuelo advierte su tristeza y **se arma de valor** para comunicarle algo que va a aumentar mucho más su desolación.

− Mijo, sabes que soy un hombre de palabra, como yo sé que estás contando con el dinero del premio del desfile para visitar a Sara pero tú comprendes muy bien que la salud de tu madre se deteriora más y que debemos invertir sin lugar a dudas en su tratamiento.

− Ya lo sé, abuelo, no tienes que decírmelo, amo profundamente a Sara y aunque ella no sabe que guardo este dolor en mi corazón por la salud de mamá, pues es mi único secreto para ella, creo que lo va a entender algún día. No debes sufrir por mí, abuelo, de ti tengo el coraje para soportar los dolores del corazón.

Al decirle estas palabras, Diego se retira a su cuarto y lee una y otra vez aquellas líneas escritas por Sara para él antes de su partida.

Querido Diego:

Hoy te entrego mi cabeza, mi corazón y mis manos.
Mi cabeza es tuya cuando te pienso.
Mi corazón es tuyo cuando te siento.
Mis manos son tuyas cuando te acaricio.
Soy toda tuya cuando tu ausencia es presencia en mí.

Vamos a tomar juntos este reto y a buscar ese equilibrio entre nuestra cabeza, nuestro corazón y nuestras manos...

Tuya siempre: Sara

El tiempo transcurre inevitablemente. Para Sara hay una sola verdad: una promesa rota sin ninguna explicación. Impera entre los dos el silencio. Escribe entonces en su diario.

Querido diario:
Pasa y pasa el tiempo y yo sigo esperando a Diego. Tengo la certeza de que en nuestra vida pasan cosas que están fuera de nuestro control.

Sara interrumpe su escritura porque su mamá la llama al teléfono...

– ...Sí, señor, lo comprendo muy bien. Gracias de todo corazón por llamarme. Hasta pronto. Le mando un beso. Y a Diego no le diga nada sobre esta llamada, no es necesario. Gracias de nuevo.

Debido a la llamada que Sara recibe de Colombia logra comprender muchas cosas. Hace una reservación para tomar un vuelo lo más pronto posible hacia Medellín.

Su decisión es radical: regresa en busca de sus raíces, en busca de Diego. Planea continuar sus estudios en un lugar lleno de árboles, flores y ardillas...

Planea vivir al lado de Diego, superarse juntos y en sus ratos libres cultivar flores con él y escribir. Va en busca de un equilibrio entre su cabeza, su corazón y sus manos.

Al regreso del aeropuerto, después de despedirse de Sara, su mamá decide hacer una llamada a Colombia. En medio de su tristeza vislumbra muy bien el nuevo reto que la vida le pone y entonces comprende que la felicidad de su hija es la suya.

Cuando el avión empieza a descender, Sara respira profundamente. *No puedo creerlo: Estoy de nuevo en mi tierra, vuelvo a darle sentido a mi vida al lado de un ser tan especial*... *Voy a bajar rápidamente, voy a tomar un taxi hacia la vereda El Placer*... Apenas si la emoción le deja tomar entre sus temblorosas manos la foto de Diego para guardarla cerca de su corazón...

Llega a la salida de la aduana, no lo puede creer, su mirada se cruza con la de un chico muy guapo con una sonrisa que le ilumina el rostro; el chico corre hacia ella, la abraza fuertemente y le entrega un ramo de flores. Ella solloza de emoción y sin más le dice:

– Ahora vamos juntos a visitar a alguien en el hospital...

EXPLOTACIÓN DIDÁCTICA
EJERCICIOS PARA EL ALUMNO

Lecturas de Español es una colección de historias breves especialmente pensadas para los estudiantes de español como lengua extranjera. Los cuentos han sido escritos, teniendo en cuenta, básica pero no únicamente, una progresión gramático-funcional secuenciada en seis etapas, de las cuales las dos primeras corresponderían a un nivel inicial de aprendizaje, las dos segundas a un nivel intermedio, y las dos últimas al nivel superior. Como resultado de la mencionada secuenciación, el estudiante puede tener contacto con textos escritos "complejos" ya desde los primeros momentos del aprendizaje y puede hacer un seguimiento más puntual de sus progresos.

Las aportaciones didácticas de **Lecturas de Español** son fundamentalmente dos:

- notas léxicas y culturales al margen, que permiten al alumno acceder, de forma inmediata, a la información necesaria para una comprensión más exacta del texto.

- explotaciones didácticas amplias y variadas que no se limiten a un aprovechamiento meramente instrumental del texto, sino que vayan más allá de los clásicos ejercicios de "comprensión lectora", y que permitan ejercitar tanto otras destrezas como también cuestiones puntuales de gramática y léxico. El tipo de ejercicios que aparecen en las explotaciones permite asimismo llevar este material al aula ampliando, de esa manera, el número de materiales complementarios que el profesor puede incorporar a a sus clases.

Con respecto a los autores, hemos querido contar con narradores capaces de elaborar historias atractivas, pero que además sean —condición casi indispensable— expertos profesores de E/LE, para que estén más sensibilizados con el tipo de problemas con que se enfrenta un estudiante de español como lengua extranjera.

Las narraciones, que no se inscriben dentro de un mismo "género literario", nunca **son** adaptaciones de obras, sino **originales** creados *ex profeso* para el fin que persiguen, y en ellas se ha intentado conjugar tanto amenidad como valor didáctico, todo ello teniendo siempre presente al lector, una persona joven o adulta con intereses variados.

PRIMERA PARTE
Comprensión lectora

1. Completa el siguiente cuadro según el texto.

Clima y geografía	Festivales / Eventos	Lugares de interés	Características de los paisas
1.	1.	1.	1.
2.	2.	2.	2.
3.	3.	3.	3.
4.	4.	4.	4.

2. Elige la opción correcta.

1. Para Sara es valiosa la opinión de sus amigos cuando ellos...

- ☐ **a.** tienen bases.
- ☐ **b.** insisten.
- ☐ **c.** están equivocados.

2. La cabeza de Sara da vueltas cuando...

- ☐ **a.** se sube en el avión.
- ☐ **b.** cuando prepara su viaje.
- ☐ **c.** cuando desciende por las pronunciadas y numerosas curvas de las carreteras.

3. Diego estudia en...

- ☐ **a.** la Universidad de Antioquia.
- ☐ **b.** el Politécnico Colombiano.
- ☐ **c.** el Instituto Agropecuario.

4. Diego es un chico...
- ☐ **a.** formal y trabajador.
- ☐ **b.** desatento.
- ☐ **c.** mal educado.

5. Diego guarda un dolor en su corazón por...
- ☐ **a.** su abuelo Emilio.
- ☐ **b.** por su padre.
- ☐ **c.** por la enfermedad de su mamá.

6. Diego y Sara se encuentran por primera vez en...
- ☐ **a.** la finca del abuelo de Diego.
- ☐ **b.** el camino a la finca de la tía Edilma.
- ☐ **c.** en el aeropuerto de Medellín.

7. El emblema del Festival Internacional de Poesía es:
- ☐ **a.** "Por una paz más activa que todas las guerras".
- ☐ **b.** "Cuando pasan los silleteros es Antioquia la que pasa".
- ☐ **c.** "No hay fecha que no se llegue ni plazo que no se cumpla".

8. Medellín es una ciudad pujante porque es...
- ☐ **a.** moderna.
- ☐ **b.** progresista.
- ☐ **c.** multicultural.

9. La gente que viaja en el metro de Medellín...
- ☐ **a.** no se mira entre sí.
- ☐ **b.** se saluda, conversa y se despide.
- ☐ **c.** se mira con enojo.

10. Los preparativos para el Desfile de Silleteros se realizan en...
- ☐ **a.** las fincas de Santa Elena.
- ☐ **b.** Medellín.
- ☐ **c.** El Poblado.

3. Teniendo en cuenta la secuencia de la historia, resume los hechos más importantes en orden cronológico.

El mundo de Sara	El mundo de Diego
1.	1.
2.	2.
3.	3.
4.	4.

Dos mundos diferentes se cruzan	Redescrubiendo un mundo maravilloso	Un mundo de sorpresas
1.	1.	1.
2.	2.	2.
3.	3.	3.
4.	4.	4.

Dos mundos diferentes se encuentran	Viviendo un mundo intenso	Un mundo de retos
1.	1.	1.
2.	2.	2.
3.	3.	3.
4.	4.	4.

SEGUNDA PARTE
Gramática y notas

1. Corrige el siguiente párrafo sobre el metro de Medellín. Observa los errores según el código y escribe nuevamente el texto.

☞ Palabra o letra que falta
■ Palabra o letra que sobra
◆ Concordancia
▲ Acento
❖ Cambio de preposición

Pasear en el metro en Medellín es algo muy singular y divertido. El recorrido son◆ el exterior. Da la sensácion▲ por❖ estar viajando por encima de la ciudad, a la altura de sus edificios. ☞ modernísimos■ y único en Colombia. Se caracterizan☞ por su limpieza. En Medellin▲ la gente que sube por❖ metro busca la banca donde ☞ay otras personas y entonces las◆ viajeros entabla◆ un☞ conversación; se saludan, conversan y se despiden.

2. Subraya la palabra intrusa en cada grupo.

a. ☐Feria de las Flores, ☐Silleta, ☐Silletero, ☐Flores, ☐Estadero.

b. ☐Vacaciones, ☐Avión, ☐Paseo, ☐Trabajo, ☐Maletas.

c. ☐Medellín, ☐Santa Elena, ☐Museo de Antioquia, ☐Parque Bolivar, ☐Cerro Nutibara.

d. ☐Colombiano, ☐Juanes, ☐Emilio Jaramillo, ☐Fernando Botero, ☐Javier.

e. ☐Rionegro, ☐Santa Elena, ☐El Placer, ☐Belén, ☐Aeropuerto Internacional José María Córdova.

3. En las siguientes frases cambia la palabra o expresión subrayada por una o unas equivalentes en su significado.

a. Sara <u>desea</u> contemplar el verde intenso de las montañas de su ciudad.

b. Javier piensa que Sara es una amiga muy <u>chévere</u>.

c. El abuelo de Diego es un hombre <u>con pómulos colorados</u>.

d. Diego <u>siente pena</u> de sus escritos.

e. Sara se queda <u>muda</u> cuando asiste al Festival Internacional de poesía.

f. Sara planea continuar sus estudios en <u>un lugar lleno de árboles, flores y ardillas</u>...

g. Sara tiene una <u>corazonada</u> al comparar las fotos del chico.

h. El abuelo <u>se arma de valor</u> para comunicarle su decisión a Diego.

i. Diego debe terminar <u>su trabajo</u> antes del atardecer.

j. <u>Los habitantes de Antioquia</u> son amables y hospitalarios.

4. Completa el párrafo con el verbo en la forma adecuada.

INVITAR   TRANSMITIR   EXPERIMENTAR   CAMINAR   ESTAR

Cada día .... más próximo el regreso de Sara a su ciudad de residencia. Como despedida, Diego la .... a hacer un recorrido en el metro cable. .... tomados de la mano y se .... un sentimiento de tristeza por la inminente despedida. Una vez montados en la cabina, ... en la altura una sensación de temor pero al mismo tiempo sienten un reto frente a lo que va a llegar a sus vidas.

TERCERA PARTE
Expresión escrita

1. **Observa la ilustración (aviso publicitario) de la página 22. Responde las siguientes preguntas:**

   a. ¿Cuál es el nombre del evento que se anuncia en el título?

   _____

   b. ¿Dónde es el evento?

   _____

   c. ¿Cuándo es el evento?

   _____

   d. Describe las imágenes del aviso.

   _____

   e. ¿Cuál es el emblema del evento?

   _____

2. **Realiza con un compañero un aviso publicitario para anunciar un evento importante de tu ciudad. Elementos que tienen que aparecer:**

   Nombre del evento / Título.

   Importancia del evento / Mensaje.

   Lugar y fecha.

   Mensaje emblema del evento.

   Una imagen significativa.

3. Sara guarda como un recuerdo especial el anuncio del concierto de Juanes. Utilizando esta información escribe 5 preguntas y formúlaselas a uno de tus compañeros. Luego tú respondes las de él o ella.

4. A continuación vas a leer un final alternativo de la historia.

Durante todo el viaje Sara no deja de estrujarse las manos, el reloj no se mueve, la vida parece detenida. Después de ese largo trayecto desciende del avión y toma un taxi en el aeropuerto de Rionegro con dirección al Hospital. Llega a la habitación en donde reclinado en una cama encuentra a Diego. Él se levanta, la abraza, la besa con lágrimas en los ojos y se da la vuelta para mirar a la mujer convaleciente que los mira con ojos enternecidos.

– *Madre, esta es Sara* –le dice Diego.

Ahora imagina la situación y escribe un diálogo entre los tres. Represéntalo con dos compañeros de la clase.

5. Escribe otras palabras que tú puedes asociar con el tema de la silleta de flores.

    b. Cabeza: pensamiento, ...

    c. Corazón: alma, ...

    d. Manos: trabajo, ...

CUARTA PARTE
Expresión oral

1. Mirad los piropos que aparecen en el texto y poned en común vuestra opinión sobre ellos. ¿Son comunes los piropos en vuestro entorno? Comentad qué opináis sobre esa costumbre y qué valor tiene desde dentro y desde fuera de la cultura hispánica.

2. Observa la ilustración en la página 30. Es la silleta que hace el abuelo de Diego para el desfile. Discute con un compañero los elementos que observas en la silleta. ¿Reconocen al personaje que se representa en la silleta como emblema del pensamiento colombiano?

3. ¿Qué piensas tú sobre la visión del mundo, "la filosofía", que Diego aprende de su abuelo y que luego le transmite a Sara? ¿Crees que verdaderamente debe haber una armonía entre la cabeza, el corazón y las manos? Comparte tu punto de vista en pareja con uno de tus compañeros, o en grupo con todos ellos.

4. El abuelo de Diego es para este una autoridad. Es una situación que en los inicios del siglo XXI dista mucho de estar generalizada. ¿Crees que el papel de la gente mayor evoluciona con el tiempo? ¿Es el mismo ahora que en épocas anteriores? ¿Varía de la ciudad al campo? Pon en común tus opiniones con tus compañeros.

5. Elige uno de los capítulos de la historia con su correspondiente título y explica cómo se relaciona con los sucesos del capítulo. Intercambia tus ideas con un compañero.

6. Comenta con un compañero el significado del proverbio utilizado por los paisas: *no hay fecha que no se llegue ni plazo que no se cumpla.*

SOLUCIONES

Antes de empezar

RELACIONES

4. a. *4*, b. *5*, c. *2*, d. *1*, e. *3*.

5. *Chile, Ecuador, Bolivia, Colombia, Perú y Argentina.*

6.

D	O	N	D	E	E	**B**	S	T	A
T	U	T	E	S	O	**A**	R	O	A
M	L	L	I	E	S	**R**	T	A	T
U	**E**	C	O	R	A	**R**	Z	O	N
Y	D	**D**	**S**	**C**	O	**A**	N	D	E
E	S	T	**E**	**A**	A	**N**	T	U	C
B	O	R	**L**	**L**	A	**Q**	Z	O	N
O	A	L	**A**	**I**	**L**	**U**	L	I	E
G	S	T	**Z**	A	T	**I**	U	V	I
O	D	A	**I**	B	U	**L**	N	S	C
T	A	S	**N**	I	E	**L**	M	P	R
A	E	L	**A**	A	A	**A**	R	M	O
N	**A**	**R**	**M**	**E**	**N**	**I**	**A**	I	A

Mensaje: *Donde está tu tesoro allí está tu corazón y donde está tu corazón allí está tu vida. Busca siempre la armonía.*

Párate un momento

Soluciones

DESPUÉS DE LEER...

A. 1. a. *Estudiar,* **c.** *Escribir,* **f.** *Leer.*

  2. b. *Guapos,* **c.** *Inteligentes,* **e.** *Caballerosos,* **f.** *Detallistas.*

  3. a. *Delgada,* **c.** *Bonita,* **e.** *De cabello castaño oscuro.*

  4. a. *Piensa en su viaje a Medellín.*

  5. a. *Trabajador,* **b.** *Estudioso,* **d.** *Bien educado,* **e.** *Colaborador.*

  6. c. *Es un asunto muy serio.*

B. a. *Santa Elena,* **b.** *Medellín,* **c.** *Rionegro,* **d.** *El Poblado y Belén,* **e.** *Antioquia.*

Comprensión lectora

Soluciones

1.

Clima y geografía	Festivales / Eventos	Lugares de interés	Características de los paisas
1. primaveral 2. temperatura entre 18ºC y 24ºC 3. montañas/árboles 4. valle/ríos/paisajes	1. Festival Internacional de poesía 2. Feria de flores 3. tablados/cabalgatas 4. Desfile de autos clásicos y antiguos	1. Ermita de Veracruz 2. Museo de Antioquia 3. Universidad de Antioquia 4. Parque Bolívar	1. siempre alegres 2. amigables 3. amables 4. acogedores

2. 1. *a,* **2.** *b,* **3.** *b,* **4.** *a,* **5.** *c,* **6.** *c,* **7.** *a,* **8.** *a,* **9.** *b,* **10.** *b.*

Gramática y notas

Soluciones

1. *Pasear en el metro en Medellín es algo muy singular y divertido. El recorrido es al exterior. Da la sensación de estar viajando por encima de la ciudad, a la altura de sus edificios. Es modernísimo y único en Colombia. Se caracteriza por su limpieza. En Medellín la gente que sube al metro busca la banca donde hay otras personas y entonces los viajeros entablan una conversación; se saludan, conversan y se despiden.*

2. a. *Estadero,* **b.** *Trabajo,* **c.** *Santa Elena,* **d.** *Javier,* **e.** *Belén.*

3. a. *Anhela, aspira...;* **b.** *graciosa, agradable, bonita...;* **c.** *cacheticolorado...;* **d.** *se avergüenza...;* **e.** *se queda sin palabras...;* **f.** *Universidad de Antioquia...;* **g.** *presentimiento, intuición...,* **h.** *Se llena de valor...;* **i.** *Su labor o sus labores...;* **j.** *Los Antioqueños/los paisas...*

4. *está, invita, Caminan, transmiten, experimentan.*

Expresión escrita

Soluciones

1. a. *Feria de las Flores,* **b.** *En Medellín,* **c.** *Del 25 de julio al 10 de agosto,* **d.** *Hay: un mapa, un silletero cargando una silleta, un fotógrafo, edificios...* **e.** *"Cuando pasan los silleteros es Antioquia la que pasa".*

TÍTULOS DISPONIBLES

LECTURAS GRADUADAS

I-I Muerte entre muñecos
Julio Ruiz
ISBN: 978-84-89756-70-0

I-I Memorias de septiembre
Susana Grande
ISBN: 978-84-89756-73-1

I-I La biblioteca
Isabel Marijuán Adrián
ISBN: 978-84-89756-23-6

I-I Azahar
Jorge Gironés Morcillo
ISBN: 978-84-89756-39-7

I-II Llegó tarde a la cita
Víctor Benítez Canfranc
ISBN: 978-84-95986-07-8

I-II En agosto del 77 nacías tú
Pedro García García
ISBN: 978-84-95986-65-8

I-II Destino Bogotá
Jan Peter Nauta
ISBN: 978-84-95986-89-4

E-I Amnesia
José L. Ocasar
ISBN: 978-84-89756-72-4

E-II Paisaje de otoño
Ana M.ª Carretero
ISBN: 978-84-89756-74-8

E-II El ascensor
Ana Isabel Blanco
ISBN: 978-84-89756-24-3

E-I Historia de una distancia
Pablo Daniel González-Cremona
ISBN: 978-84-89756-38-0

E-I La peña
José Carlos Ortega Moreno
ISBN: 978-84-95986-05-4

E-II Manuela
Eva García y Flavia Puppo
ISBN: 978-84-95986-64-1

E-I Carnaval
Ramón Fernández Numen
ISBN: 978-84-95986-91-7

I-II Las aventuras de Tron
Francisco Casquero Pérez
ISBN: 978-84-95986-87-0

S-I Los labios de Bárbara
David Carrión
ISBN: 978-84-85789-91-7

S-II Una música tan triste
José L. Ocasar
ISBN: 978-84-89756-88-5

S-I El encuentro
Iñaki Tarrés Chamorro
ISBN: 978-84-89756-25-0

S-I La cucaracha
Raquel Romero Guillemas
ISBN: 978-84-89756-40-3

S-I Mimos en Madrid
Alicia San Mateo Valdehíta
ISBN: 978-84-95986-06-1

S-II La última novela
Abel A. Murcia Soriano
ISBN: 978-84-95986-66-5

S-I A los muertos no les gusta la fotografía
Manuel Rebollar
ISBN: 978-84-95986-88-7

HISTORIAS DE HISPANOAMÉRICA

E-II Regreso a las raíces
Luz Janeth Ospina
ISBN: 978-84-95986-93-1

E-II Con amor y con palabras
Pedro Rodríguez Valladares
ISBN: 978-84-95986-95-5

E-I Presente perpetuo
Gerardo Beltrán
ISBN: 978-84-9848-035-1

HISTORIAS PARA LEER Y ESCUCHAR (INCLUYE CD)

E-II Manuela
Eva García y Flavia Puppo
ISBN: 978-84-95986-58-0

I-II En agosto del 77 nacías tu
Pedro García García
ISBN: 978-84-95986-59-7

S-II La última novela
Abel A. Murcia Soriano
ISBN: 978-84-95986-60-3

E-I Carnaval
Ramón Fernández Numen
ISBN: 978-84-95986-92-4

I-II A los muertos no les gusta la fotografía
Manuel Rebollar
ISBN: 978-84-95986-90-0

E-II Regreso a las raíces
Luz Janeth Ospina
ISBN: 978-84-95986-94-8

E-II Con amor y con palab
Pedro Rodríguez Valladares
ISBN: 978-84-95986-96-2

E-I Presente perpetuo
Gerardo Beltrán
ISBN: 978-84-9848-036-8

Niveles:

E-I → Elemental I   I-I → Intermedio I   S-I → Superior I
E-II → Elemental II   I-II → Intermedio II   S-II → Superior II